Carpinejar
biografia de uma árvore
— *poemas abandonados* —

Do Autor:

As Solas do Sol
Um Terno de Pássaros ao Sul
Terceira Sede
Biografia de Uma Árvore
Cinco Marias
Como no Céu & Livro de Visitas
Meu Filho, Minha Filha
O Amor Esquece de Começar
Canalha!
Mulher Perdigueira
www.twitter.com/carpinejar
Borralheiro
Ai Meu Deus, Ai Meu Jesus
Espero Alguém
Para Onde Vai o Amor?
Me Ajude a Chorar
Felicidade Incurável
Todas as Mulheres
Amizade é Também Amor
Cuide dos Pais Antes que Seja Tarde
Minha Esposa Tem a Senha do Meu Celular
Família é Tudo
Carpinejar

Carpinejar
biografia de uma árvore
— *poemas abandonados* —

1ª edição

BERTRAND BRASIL
Rio de Janeiro | 2020

EDITORA-EXECUTIVA
Renata Pettengill

SUBGERENTE EDITORIAL
Marcelo Vieira

ASSISTENTE EDITORIAL
Samuel Lima

ESTAGIÁRIA
Georgia Kallenbach

REVISÃO
Cláudia Moreira

DIAGRAMAÇÃO
Beatriz Carvalho
Beatriz Araujo

IMAGEM DE CAPA
Jay's photo/Getty Images

CAPA
Leonardo Iaccarino

Copyright © 2020, Fabrício Carpi Nejar

Texto revisado segundo o novo
Acordo Ortográfico da Língua Portuguesa

2020
Impresso no Brasil
Printed in Brazil

CIP-BRASIL. CATALOGAÇÃO NA PUBLICAÇÃO
SINDICATO NACIONAL DOS EDITORES DE LIVROS, RJ

C298b Carpinejar, Fabrício, 1972-
Biografia de uma árvore: poemas abandonados / Fabrício Carpinejar. – 1. ed. – Rio de Janeiro: Bertrand Brasil, 2020.
112 p.; 21 cm.

ISBN 978-65-5838-005-4

1. Poesia brasileira. I. Título.

20-66088

CDD: 869.1
CDU: 82-1(81)

Leandra Felix da Cruz Candido – Bibliotecária – CRB-7/6135

Todos os direitos reservados. Não é permitida a reprodução total ou parcial desta obra, por quaisquer meios, sem a prévia autorização por escrito da Editora.

Direitos exclusivos de publicação adquiridos pela:
EDITORA BERTRAND BRASIL LTDA.
Rua Argentina, 171 – 3º andar – São Cristóvão
20921-380 – Rio de Janeiro – RJ
Tel.: (21) 2585-2000 – Fax: (21) 2585-2084

Atendimento e venda direta ao leitor:
sac@record.com.br

Afrontamentos

"Até quando serei o que compreendo?", pergunta-se o poeta a certa altura do livro. Mas nenhuma compreensão burocrática coagulará os seus poemas, nunca. Estamos diante de uma aparição — a cada livro uma nova — mais depurada, uma estocada finíssima no nervo que jamais se expõe. O Fabrício Carpinejar de "Biografia de uma Árvore", embora usando ainda datas no devir do mundo, em plena "Terceira Guerra", vem dessa vez revelar uma radical diferença dentro do Mesmo, ou seja, dentro dessa permanência só estancada sob a "laje fria". Aqui não há mais tantas narrativas supuradas por metáforas em riste — aquele épico possível nesse enigma inaugural do Século, com seus personagens maiores que o enredo, como o próprio verso diz... Agora emana uma poética de lastro metafísico puro e simples, de soluções miniaturais, quem sabe ("Entardeço sem ênfase"), quando a cápsula em que vive o jovem bardo brasileiro reconhece que "A vida estala uma única vez", assim, sem mais condoreirismos, no afrontamento cru da raça abandonada. Uma aparição, repito. Quem quiser atravessá-la que vá desarmado(a), porque sua voz é inconfundível e ficará na carne, sim -, eu aposto! E digo: só o calafrio dará conta de contar...

João Gilberto Noll

Índice

Biografia de uma árvore 11
(autorizada pelos pássaros)

Biografia de uma árvore 15
(autorizada pelas raízes)
    I — Ouvidos de orvalho 17
   II — O sol ainda é noite 25
  III — Fome dos insetos 33
  IV — Vidro de vozes 41
   V — Folhas do pátio 49
  VI — Reserva de chuvas 59
 VII — Um perfil pela janela 65
VIII — Indolência do musgo 75
  IX — A insônia dos sapatos 87

Biografia de uma árvore 101
(autorizada pelos frutos)

Novíssimo Testamento 105

Sobre o autor 111

> "Qual a senha que transporto?
> Serei contrabando de Deus, que vai quieto dentro,
> receoso de se pronunciar?"
>
> Terceira Sede

Biografia de uma Árvore

– autorizada pelos pássaros –

Recebi um certo Avalor, poeta de origem desconhecida. Apresentou-se inconformado. Deu-me o que julga ser a orelha de uma árvore, dizendo:

— "Conserve esse objeto com cuidado!"

Informei a polícia do ato. Ele usava um casaco todo bordado de frases. Descrevo seu rosto pelo formato de um pássaro: o nariz acentuado e a barba ruiva, queimada pelo vento. Havia fragmentos de heras no pescoço. No bolso direito da calça, ostentava para fora um relógio prateado. O que dava a impressão de atentado violento ao pudor. Oscilava um olhar de louco, o mesmo olhar que atinge as pessoas quando estão com fome. Já o vi anteriormente: parecia estar fugindo, recebendo restos de couve dos moradores.

A orelha da árvore é um livro que, segundo as palavras do poeta, guarda a voz de Deus.

Dr. Ossian
Porto Alegre, 23 de outubro de 2045.

Biografia de uma Árvore

– autorizada pelas raízes –

I. Ouvidos de orvalho

Na eternidade, ninguém se julga eterno.
Aqui, nesta estada, penso que vou durar
além dos meus anos, que terei
outra chance de reaver o que não fiz.
Se perdoar é esquecer, me espera o pior:
serei esquecido quando redimido.

Não me perdoes, Deus. Não me esqueças.
O esquecimento jamais devolve seus reféns.

A claridade não se repete. A vida estala uma única vez.

O fogo é uma noz que não se quebra com as mãos.
A voz vem do fogo, que somente cresce se arremessado.
Não há como recuar depois de arder alto.
Fui lançado cedo demais às cinzas.

Somos reacionários no trajeto de volta.
Quando estava indo ao teu encontro,
arrisquei atalhos e travessas desconhecidas.
Acreditei que poderia sair pela entrada.
Ao retornar, não improviso.

Minha conversão é pelo medo,
orando de joelhos diante do revólver,
sem volver aos lados,
na dúvida se é de brinquedo ou de verdade.

O vento faz curva. Não mexo nos bolsos,
na pasta e na consciência,
nenhum gesto brusco de guitarra,
a ciência de uma mira
e o gatilho rodando próximo
do tambor dos dentes.

Derramado em Deus, junto meu desperdício.

Vou te extraviando no ato de nomear.
Melhor seria recuar no silêncio.

Cantamos em coro como animais da escureza.
Os cílios não germinaram.
Falta plantio em nossas bocas, vegetação nas unhas,
estampas e ervas no peito.
Suplicamos graves e agudos, espasmos e espanto,
compondo esquina com a noite.

Cantar não é desabafo,
mas puxar os sinos
além do nosso peso,
acordando a cúpula de pombas.

Somos fumaça e cera,
limo e telha,
névoa e leme.
O inverno nos inventou.

Não importa se te escuto
ou se explodes meus ouvidos de orvalho:
morre aquilo que não posso conversar?

Ficarei isolado e reduzido,
uma fotografia esvaziada de datas.
Os familiares tentarão decifrar quem fui
e o que prosperou do legado.
Haverei de ser um estranho no retrato
de olhos vivos em papel velho.

Escrevo para ser reescrito.
Ando no armazém da neblina, tenso,
sob ameaça do sol.
Masco folhas, provando o ar, a terra lavada.
Depois de morto, tudo pode ser lido.

Vejo degraus até no voo.
Tua violência é a suavidade.
Não há queda mais funda
do que não ser o escolhido,
amargar o fim da fila,
ser o que fica para depois,
o que enumera os amigos
pelos obituários de jornal,
o que enterra e se retrai no desterro,
esfacela a rosa ao toque
na palidez das pétalas e velas,
vistoriando cada ruga
e infiltração de heras entre as veias,
nunca adulto para compreender.

Não há nada de natural na morte natural.
Divorciar-se do corpo, tremer ao segurar
as pernas, acomodar-se no finito
de uma cama e deitar com o tumulto
que vem de um túmulo vazio.

II. O sol ainda é noite

Meus pais estão no futuro,
   ainda não nasceram.

Nascer antes pouco é
diante de quem parte primeiro.
Herdei os traços de meu filho.

Pareço convincente, mas é um engano.
O sábio demonstra a mesma
serenidade de um assassino.

A culpa fermenta a salvação.
O joio sabe mais do trigo que o pão.

A maior alegria é a do cansaço,
desfalecer no meio de uma conversa,
apagar depois do prazer,
sumir sem despedida e formalidade.

Minha estatura é de uma árvore incendiada,
uma árvore que anda para os lados
desbastando as brasas.
Com vergonha de sua altura
e vertigem para recolher as sobras.

Conservei o violino no armário,
um relógio de cordas.

O violino é uma árvore migratória.
Reproduz alguma tempestade antiga,
quando o crepúsculo tinha pele.

Vivo do passado
como quem amou o suficiente.
Adiantei-me de amores
e depois fiquei a esperá-los
sem ter o que fazer.

Não consegui ser absoluto na farsa,
íntegro na maldade,
paciente na pressa.
Misturei as verdades com as mentiras.
Mas a verdade, essa,
não aceita companhia.

III. Fome dos insetos

As manias são vistas como defeitos.
Depois, traços da personalidade.
Com a separação, transformadas em virtudes.

Calcificado, o ouro não derrete mais.
A aliança já é um osso no dedo.

Ter se acostumado um com outro
não significa que avançamos.

Somos residências geminadas
se correspondendo pelos muros.

Envelhecer junto é que o casal
pretende desde o namoro,
em todas as fases, menos na velhice.

Deus, não me apagues antes de revisar os rascunhos.
Tua letra é esférica, a caligrafia corrida
e o apelo das tormentas.
Não fui alfabetizado para decifrar teus segredos.

Se deixaste algo comigo,
não adianta cavar,
abandonei meus mortos pelo caminho.
Os ombros são escassos.
O verão terminou com o bocejo do oceano,
tenho uma longa devastação pela frente:

dormir no chão, a relva encrespada,
a coberta de frutas e folhas
e os pés maiores que a fome dos insetos.

Além de mudar de idioma,
modificarei meu silêncio?

Como represar o que não posso ver?

A ferrugem não desceu da maresia.
Partiu da chaga de um tronco.

De onde menos se espera,
há amizade da carne.
Seja no inferno, seja no paraíso,
existe um parente a nos entregar.

Recuso-me a encontrar antigos colegas
e queimaduras de segundo grau,
submeter-me às comparações,
convencê-los de que estou diferente sendo igual.

Tropeçar no que escrevi é trair o que agora sou.
A cicatriz ainda dorme a ferida.

Meu rigor é ser invisível.
Visitei cidades não estando nelas.
Fui corrompido pela pureza.

Experimentado de túneis,
subi à superfície e nem o cão
me reconheceu.

O pássaro é um vento orquestrado.
O pouso pesa o que foi voado.

IV. Vidro de vozes

Estou tão nervoso que fico calmo,
tão confuso que tenho discernimento.
A liberdade não me convence
a sair do quarto.

Fiel a uma caderneta de bar,
enredo-me no fiado do que foi consumido.

Minha imobilidade não é desistência.
Resisto como um móvel
indesejado no cômodo,
que destoa do alarido familiar,
disfarçando sua existência precária
com mantas e panos cortinados.

Cansa-me a humanidade.
Renunciei à crença no mundo
quando ignorei os boatos
a meu respeito.

Estranhei-me ao limite da vivência.

Os rostos aparecem de repente
e gasto um tempo enorme
a entretê-los para definir uma pista,
um indício de que são reais e têm sentido.
Imagino que enfrentas igual confusão:
demoras a entender
o remetente de tuas cartas.

As lembranças devem doer
ao não evocá-las.
Assim como um homem ferido
de guerra sente dor
no pé esquerdo que não existe.
A ausência tem direito a um corpo.

Escutar minha respiração
é conviver com o terror.
Ligo alto o som do rádio, da tevê e
persiste o timbre agudo, vacilante dos pulmões.
Tomo o vidro de vozes e retiro o rótulo,
apagando os sinais do veneno.

Seguimos envaidecidos
de solidão.

O homem é menor
do que sua busca.

Lavramos o solo,
larvamos.
Nosso lar é uma enxada
nos braços.

V. Folhas do pátio

Escondo camisas usadas no armário.
Largo frascos abertos no banheiro.
O café condiciona meu hálito.
Nem toda carga que levo é sumo.

Metade do que sou inventei na infância;
a outra metade, a infância tratou de inventar.
Prensado pela vida, penso naquela hóstia
colada ao céu da boca.
O esforço da língua em desenrolar o corpo,
equilibrá-lo como uma aspirina, sem mastigá-lo.

Por que as crianças não foram
educadas a duvidar de ti?

Atendi o pedido dos pais
de não conversar com estranhos
e deixei de me escutar.

A literatura não prestou para me entender.
Como uma árvore à beira da maré,
estou comovido de espuma,
inclinado a não perder o rumor
de tua barca se aproximando devagar.
Vais amarrar tua âncora,
puxar-me de volta ao rumo
e despovoar mais uma vez
o ventre de minha mãe.

Troco a pele de barco.
Conheço-me o suficiente a ponto
de não me repetir.

Nadei querendo ir longe,
o mais longe possível do mármore da praia.
Não economizei fôlego para o regresso.
Remos e rendas deslizaram
e o mar me atravessou com seu punhal.
Bem sei que o pior afogamento é a seco,
o batimento cardíaco do salto
apesar do repouso.

Pairo no ar ao silenciar meu canto.
O voo sai da garganta, e não das asas.

Os extremos não falam.
As palavras estão maduras
quando esquecemos de recordá-las.

O limo é o esgotamento
nervoso da escada.
Encontro nas ruínas
a ordem secreta de um jardim.

Dispenso o corrimão,
apetece-me descer apoiado
no suspiro.

Meus irmãos colecionavam selos, moedas,
borboletas e revistas.
Eu, silêncios.

A brisa se mistura aos cheiros das lembranças.
É como se eu estivesse regressando.

Posso brincar lá fora?

O pampa é meu pátio.
Como dói a porta fechada por dentro.
Não ter para onde ir é uma forma de sempre chegar.

VI. Reserva de chuvas

Na escola, zombaram de minha pronúncia torta,
ameaçaram-me com canivetes no recreio.
Assisti a covardia crescer, aquietado no fundo da sala.
Durante anos, contive o veludo áspero da pata,
a soleira da pata, a vogal da pata.
Preparei a vingança pelas palavras.

Roubei o dízimo, enrolei o papel seda
dos versículos para fumar tuas promessas.
Pisei em teu rosto com a luz suja de um livro.
A neblina me perseguiu enfurecida
e não viu que estava nela.

Peço desculpas como uma criança,
as mãos algemadas
na inocência nociva.

Como enganar os gestos?
Minha vontade de abraçar
esgana.

Todos meus erros descendem do excesso,
não da penúria.

Deus, será que tua água
vem da sede do homem?
Será que nossa sede é potável?

As diferenças nos assemelham,
o único vizinho do mar é o abismo.
Estou extremamente perto
e morro distante.
Moro numa morte emprestada.

Cerca-me da cegueira,
tal relâmpago que acende o bosque
para as aves pousarem nele.

Cerca-me da cegueira,
desapegando do que não vi.

Cerca-me da cegueira,
a fidelidade do vento é testada no naufrágio.

Cerca-me da cegueira,
como uma fruta apanhada com os dentes.

Cega-me.
Meu desespero fracassou
ao passar a noite em claro.
Fez amizade com as sombras.

VII. Um perfil pela janela

Volto para te receber.

Não me apanhes em trânsito.
Não apresses o julgamento.
Diminuo a velocidade da voz.

Há o temor de partir durante as refeições,
dormir morrendo, morrer dormindo,
sem digerir a vida.

Enquanto te espero,
ajeito a imagem
que criei para te confundir.

O paletó surrado traz um garfo no forro.
Aceito passivo qualquer incoerência.
O talher mastiga a lã,
à maneira dos cupins na estante,
das traças no armário.

Enquanto te espero,
embalo a cadeira de balanço
como uma charrete na sala.
As narinas são as parelhas;
as sobrancelhas, rédeas soltas.

A face enrugada, uma moeda na pedra.
A chuva veio e não levou a esmola.

O grito do galo formiga três vezes.
O amanhecer deita sua plumagem
no telhado. A luz tem sabor de treva.

Enquanto te espero,
sou chamado ao portão. Não respondo.
O nome ajuda a envelhecer.

Pela rua deserta, as pessoas passam,
fechadas como as lojas.

Enquanto te espero,
custo a recobrar o sono recente.
O pesadelo receia que vou delatá-lo.

A nudez adormece
quando acordamos.

Amadurecem os dias
como se não fossem meus.

Abro a janela. Os pardais
esticam o varal. A roupa
é arrastada pela estrada,
fica parda e sobe com o bando.

A árvore assusta, água enegrecendo, águia
debatendo-se no vidro. Ela arranha as paredes
pedindo ajuda. Embarcação de galhos pesados,
os rebentos saltando com o colete do sol.

O suco passou do ponto,
arrebentou a bolsa dos gomos.

Ao chegares,
desisto do perdão.

Deus, não tens opção.
Só o homem tem a chance
de não ser.

VIII. Indolência do musgo

Sei o quanto
um boi mal guiado
causa estragos na plantação.

Desperdicei o direito
de permanecer calado.
Tenho talento para me denunciar.

Rejeitar teu amparo me confortava.
Eu era a vala espumosa do rochedo, a esponja
verde do precipício, a indolência do musgo.

Prosseguir mentindo
é o jeito que encontrei
de viver aproximado da realidade.

Dificulta-me repartir.
Ocultava o alimento no quintal.
O que não comia, escondia para o próprio proveito.
Nossa fome não acompanha
a idade dos dentes.

Teu escuro é espesso, luminoso.
Não notei que me fitavas com insistência
ao lado do leito,
desfiando o último nó do terço.

Deus, qual é o teu Deus?
A quem estavas suplicando?

Ao passear pelo cemitério,
as lápides se inclinam
para observar o morador
sendo removido.

A morte me perturba,
terei o sofrimento
de não corrigi-la
antes de ser publicada.

Apagado em laje fria,
quem trocará a minha roupa de cama?

Acordarei impessoal,
desprovido do alarme das pálpebras?

Até quando serei o que compreendo?

Casar, ter filhos e assumir um emprego fixo
fora o máximo exigido de mim,
não é o máximo que poderia exigir.

Fundei meu mundo para contar
com a possibilidade de afundar nele.

A coragem não é humana.
Teus santos pensam fora do corpo,
reconhecíveis
no inferno da infância.

Não recomecei, o começo
é carregado de despedida.
O texto atravessa muitas mortes
até virar testamento.

A ânsia em reconstituir o passado
termina por olvidá-lo em definitivo.

Se me retirares a vaidade,
não terei memória.

Será que o domingo e o esquecimento
são dias iguais?

Há gavetas que não posso mexer.
O avental azul da barbearia
é incontestável
como a capa preta da Bíblia.

A audição é um risco.
Ao perceber uma roldana chiando,
posso não me recuperar.
Quero sorver a água
que escapa
quando o balde
sobe do poço.
Sorver o extravio,
a cor do fundo desse duelo.

Deus, estou te ouvindo,
mas não sei como pedir licença
para tudo o que vivi.

Sou apenas o que posso perder,
o segredo que nasce do atrito
entre o penhasco e as ondas.

Avançar uma página
é retornar ao princípio.

IX. A insônia dos sapatos

A disciplina é dos mortos.
Vivo desorganizando.

Para que transcender?
O divino em nós tarda em se humanizar.

No primeiro e último amor: mordidas,
tatuagens, avisos.
Os seios me conduzindo
à semelhança de um cego.

Dentro de minha mulher,
esquecia de ouvir o desabamento.
Não saía dela para espiar se era noite.
A leveza me pesava.

Na época, não entendia como a luz
ultrapassava o vitral sem quebrá-lo.
Hoje sei o quanto a luz
se estilhaçava na passagem.

Posso tocar o que me tocou.
Cumprir os contornos daquele dorso,
musicar o pólen na madeira.
Uma réstia de sopro
e atravesso novamente
a flauta da nudez.

Sigo o quarto da luz, percorro a sala
de estar e o corredor não se esgota
em meus passos.

Passarei daqui para teu lado,
aguardando a terra de olhos abertos,
guardando a terra de olhos abertos,
dado a terra com olhos abertos.

Não partirei por inteiro.
Uma incompreensão
ou desavença ficará.
Alguém vai me resistir
na respiração alta do sangue.

A fé sobrevive com distrações.
Quem não dormiu em meio a uma ave-maria,
pulou trechos do pai-nosso, procurou objetos perdidos
com salve-rainha?

A prece corre sozinha.
Cuidadoso, ponho os pés no rio,
medindo a extensão de tua loucura.

Compreender é estar ocupado da morte.
Não sou unânime para te dizer sim.
Dissidências me governam.

A chuva é a única chama
que caminha contra o vento.
Refaço seu lastro
com a insônia dos sapatos.

Enlouqueço de ternura,
indeciso entre o furor e o fulgor.
Desperto amarrado em alguma estrela,
servindo de referência
para o alinhamento das esferas.

Entardeço sem ênfase.
Não sei fechar um livro
ou vedar uma frase.

As confissões são inventadas.
Meus personagens foram maiores
do que o enredo.

Tira as flores da água.
Ainda não morri.

Ainda sobrevoo
minha sombra,
essa vida insuportável de moscas.
As moscas são os anjos da miséria,
estão em toda parte,
escoltando o apodrecimento.

Deus, peço tua demissão por justa causa.
Não saberás se falo sério ou se estou rindo.
Vou indo. Na incerteza, o réu é sempre absolvido.

Biografia de uma Árvore

— autorizada pelos frutos —

Não sei reconstituir os últimos dias de meu pai. Sua infância morreu separada do resto dos anos. Há muito não o via, viveu longe mesmo perto. Passou a vida costurando poemas em um terno usado. Tinha medo que alguém apagasse seus escritos, ou que Deus o inundasse de esquecimento. Ele se nomeava primogênito do mar e intitulou seus bordados de Novíssimo Testamento. Morreu rindo, lembro que cobri seu rosto com o paletó de seus versos. Era o início da Terceira Guerra.

Porto Alegre, 24 de outubro de 2045.

Novíssimo testamento

Legendar a conversa dos pássaros ao amanhecer,
esticar o arame do violino,
restaurar o som dos peixes com o veludo dos pés,
acolher o elogio dos defeitos,
prender em gaiolas os livros de leitura avoada,
trocar mensalmente a terra do rosto,
agradecer a quem te cumprimenta por engano,
empregar as ervas como escolta das flores,
desaparecer na visibilidade,
interromper a sesta do vento,
repor as telhas do fogo,
esperar o porão subir com os frutos,
conhecer-te na medida em que me ignoro,
repetir os erros para decorar os caminhos,
ressuscitar a brasa das cinzas,
saber uma chama de ouvido,

afiar a faca na compra para que seja leal na despedida,
levantar atrasado, com a solidão ao lado,
distanciar o desespero e alegrá-lo com a saudade,
reverenciar o muro que nos permite imaginar uma vida diferente da nossa,
escolher as melhores maçãs pelo assédio dos insetos,
assobiar estrelas entre os telhados,
partir os cabides ao arrumar as malas,
pensar baixo para não ser escutado,
avisar das falhas na calçada,
seguir quem está perdido,
gritar nos ouvidos da claridade até surgir relâmpagos,
estreitar as vigas da face com a rede do riso,
tragar o vapor do inverno na véspera de ser vidro,
ter a infância assistida pelas parreiras,
ser a primeira roupa do teu dia,
nascer póstumo,
identificar o corredor do hospital nos arbustos podados,
correr na contramão do rio,
desafiar as cigarras, desafinando mais alto,
transpor a aparência do inferno,
converter o ódio em curiosidade do amor,
acelerar o passo para a névoa não encurtar o dia,
arrancar do fruto o que voava do coração parado da ave,
revezar com o pessegueiro a guarda da porta,

jejuar para doar o sangue,
enredar teus joelhos como forquilhas da fogueira,
enervar a vela com um lance de olhos,
cobrir com jornais a pedra fria,
buscar um confidente fora da consciência,
barbear a insônia com a lâmina dos seios,
descobrir o irmão mais velho no silêncio do caçula,
obedecer à intuição das dúvidas,
abandonar teu corpo antes da luz depor o peso,
morar no clarão exilado,
respeitar o mar quando está rezando,
curvar-se no violão como uma violeta cansada,
compensar a forte dose da fala com os gestos,
imitar a elegância de objetos esquecidos,
espantar o pó com a lâmpada dos dedos,
desfrutar do feriado das tranças,
deixar a música se inventar sozinha,
desperdiçar o fôlego fingindo trabalhar,
ouvir o sol de noite,
segurar no braço da cerração para atravessar a rua,
procurar minha voz em outros autores,
retribuir o aceno das sobrancelhas,
presenciar da janela a palestra da chuva,
espreguiçar a camisa dormida de espuma,
eleger tristezas para concorrer com as tuas,

puxar a cadeira na saída
(e observar tuas pernas roçando a toalha da mesa),
engolir de volta as palavras que te agrediram,
cortar a artéria de um beco e sangrar a saída,
medir a altura do poço com uma moeda,
entender que meus livros são parecidos comigo
(demoram a fazer amigos),
verificar o pulso da madeira,
desconfiar das superstições confiando nelas,
achar no pesadelo um quarto para dormir,
conservar a imagem da casa quando criança,
arder como um musgo na soleira da porta,
descer o fecho do vestido e vestir o quarto,
caminhar com a sandália de teus lábios,
ajustar o cavalo na cintura da estrada,
rebobinar o pulmão com a asma,
morrer tentando não morrer,
golpear o tambor com a força dos pés,
compreender sem concordar,
combinar encontros e desencontrar-se consigo no meio do trajeto,
desistir de compor o diário porque não existe segredo quando escrito,
anotar na agenda as reuniões que não quero ir,
apiedar-se da vocação fúnebre do guarda-chuva,

falir na memória preservando a imaginação,
acautelar-se das paredes velhas, o cimento armado,
carregar o sobretudo como uma garrafa vazia,
comemorar o que desconhecemos um do outro.

Sobre o autor

Carpinejar é puro sentimento. Nas palavras de Carlos Heitor Cony, "sua entrega à poesia é total, urgente, inadiável".

Nasceu em 1972, na cidade de Caxias do Sul (RS), publicou 45 livros entre poesia, crônica, infantojuvenil e reportagem. É detentor de mais de 20 prêmios literários. Entre eles, o Jabuti por duas vezes, o da Associação Paulista dos Críticos de Arte e o Olavo Bilac, da Academia Brasileira de Letras.

Atua como comentarista do programa *Encontro com Fátima Bernardes*, da Rede Globo, e é colunista do jornal *O Tempo*.

Instagram: @fabriciocarpinejar
Fanpage: facebook.com/carpinejar
Twitter: @carpinejar
YouTube: @fabriciocarpinejar
E-mail: carpinejar@terra.com.br

Impresso no Brasil pelo
Sistema Cameron da Divisão Gráfica da
DISTRIBUIDORA RECORD DE SERVIÇOS DE IMPRENSA S.A.
Rua Argentina, 171 – Rio de Janeiro, RJ – 20921-380 – Tel.: (21)2585-2000